PANTHÉON DE LA LÉGION D'HONNEUR

PAR

M. AMÉDÉE BOUDIN

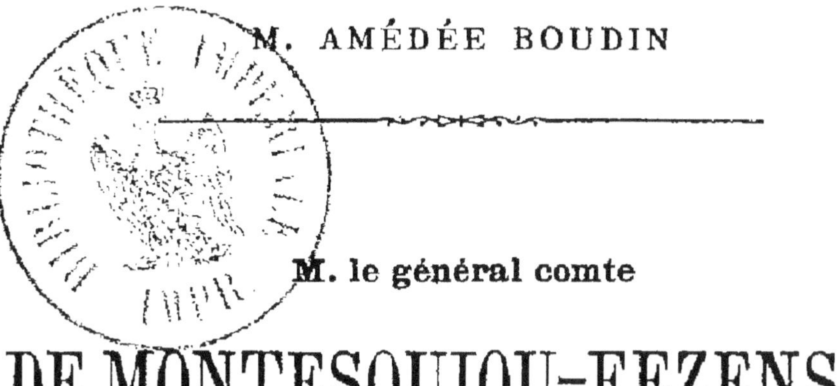

M. le général comte

DE MONTESQUIOU-FEZENSAC

Grand officier de la Légion d'honneur.

TOME II

PARIS

BUREAUX : 5, PASSAGE CHAUSSON

(Boulevard Magenta)

—

1870

MONTESQUIOU—FEZENSAC

MONTESQUIOU-FEZENSAC (Ambroise-Anatole-Augustin, comte de), grand d'Espagne de première classe avec le titre de marquis, général de brigade, aide de camp de l'Empereur Napoléon Ier, ancien député, ancien pair de France, grand-officier de la Légion d'honneur, chevalier de Saint-Louis, grand-cordon de l'ordre de Léopold de Belgique, grand'croix de l'ordre de François Ier, de Naples, commandeur de Saint-Grégoire-le-Grand, chevalier des ordres du mérite militaire de Bavière, de l'Épée de Suède , de Léopold d'Autriche , est né à Paris le 8 août 1788.

— Ayant été destiné à l'ordre de Malte même avant sa naissance , il en porta, suivant l'usage d'alors, la décoration pendant les deux premières années de sa vie.

Petit-fils du marquis de Montesquiou qui commanda en chef les armées de la République, après avoir été littérateur distingué et membre de l'Académie française; fils du grand-chambellan, président du Corps législatif, aide-major général de la garde nationale, sénateur, pair de France, et de la comtesse de Montesquiou, gouvernante du roi de Rome, il descend de Sanche Mittara, duc de Gascogne en 893, et de race mérovingienne, comme le prouvent tous les témoignages de l'histoire. La baronnie de Montesquiou, dont les descendants de Sanche

Mittara furent possesseurs, était la première du comté d'Armagnac ; ce qui reste d'elle encore appartient au comte de Montesquiou que cet article concerne. En vertu de cette propriété, il est chanoine honoraire de l'Église métropolitaine d'Auch et jouit des honneurs attribués à cet antique droit héréditaire. La maison de Montesquiou a compté dans son sein trois cardinaux, un grand nombre de prélats et trois maréchaux de France.

Séduit par les glorieux exemples de ses ancêtres, le comte Anatole de Montesquiou n'attendit pas la conscription pour entrer au service. A dix-huit ans il s'engagea et ne tarda pas à recevoir un brevet d'officier au 8e de cuirassiers. Il fut aide de camp du maréchal Davoust, officier d'ordonnance de l'Empereur Napoléon, puis aide de camp du prince de Neuchâtel, major général.

Sur les champs de bataille de Friedland, d'Essling, de Wagram, de la Moskowa, de Dresde, de Hanau, etc., il conquit ses grades et ses décorations. L'Empereur lui confia plusieurs fois des missions dont le succès fut honorable et remarqué.

Pendant la première Restauration, le jeune colonel, qui n'avait pas obtenu la permission de suivre Napoléon à l'île d'Elbe, prouva du moins son attachement à l'illustre exilé, en se tenant à l écart du nouveau gouvernement, malgré les instances qui lui furent faites par son oncle, le duc de Doudeauville, par son cousin l'abbé de Montesquiou, et par le duc d'Orléans lui-même, qui désirait avoir près de lui un officier de ce nom, en souvenir du général Montesquiou qui lui avait rendu d'importants services pendant une longue période de détresse et d'exil..

Il était à la cour de Vienne auprès de sa mère et du roi de Rome, quand survinrent les événements des Cent-Jours. Alors cet aide de camp de l'Empereur Napoléon devint suspect. Accusé de ne s'être rendu en Autriche que pour enlever le roi de Rome et le ramener à son père, il fut l'objet d'une active surveillance et d'une persécution odieuse. — Un célèbre congrès était alors assemblé à Vienne. C'était la politique universelle qui tenait là ses assises avec ses souvenirs, ses soupçons et ses espérances. Rien n'est simple aux yeux de certains diplomates vieillis dans les préoccupations de la ruse. Des versions diplomatiques, qui ne manquaient pas autour du congrès de Vienne ni dans son sein, ont même osé prétendre que M. de Montesquiou devait être secondé, pour l'enlèvement du jeune roi, par le gouvernement autrichien lui-même, qui eût ensuite agi, par des tentatives volontairement vaines, pour déjouer cette conspiration en feignant de poursuivre les fugitifs. Le gouvernement autrichien, pour se justifier, fut sévère. Le roi de Rome fut séparé de sa seconde mère, et M. de Montesquiou n'eut la permission de rentrer en France avec elle que quand Napoléon n'y était plus.

A la seconde Restauration, son nom, placé sur une liste de proscription, n'en fut effacé que par la puissante intervention de l'abbé de Montesquiou. Lorsque le duc d'Orléans demanda à Louis XVIII la permission de prendre M. de Montesquiou pour aide de camp, le roi y consentit, mais non sans ajouter avec aigreur : « Il suffit que j'aie un ennemi quelque part pour que vous alliez le chercher. » Ce mot était bien dur, car il était injuste : nous avons entendu plus d'une fois M. de Montesquiou van-

ter le règne trop court de cet habile roi.

Rentré dans la vie privée, M. le comte de Montesquiou surveilla avec amour et avec succès l'éducation de ses enfants. L'étendue et la solidité de son savoir lui rendaient la tâche facile. En même temps il se livrait avec passion à son goût pour la poésie, qui devait bientôt lui assigner une place distinguée parmi les littérateurs contemporains.

Attaché à la maison du duc d'Orléans par les liens de l'affection et du devoir, car il était devenu en 1823 chevalier d'honneur de Mme la duchesse d'Orléans, il se vit obligé de reparaître sur la scène politique après la révolution de Juillet. Le premier acte de son dévouement à la nouvelle dynastie fut de la faire reconnaître à Naples et à Rome. La croix de grand-officier de la Légion d'honneur et le grade de maréchal de camp récompensèrent ce double triomphe diplomatique (1831); enfin, député de la Sarthe, de 1834 à 1841, il fut élevé à la pairie à cette dernière époque. Le Palais-Royal, les Tuileries, le Palais-Bourbon et le Luxembourg ne l'empêchèrent pas de consacrer quelques loisirs à ses travaux littéraires.

Les premiers volumes de M. de Montesquiou sont de 1820 et 1821. Il ne se décida à cette publication que sur les instances de quelques amis passionnés pour ses essais. Trois de ses nombreuses pièces de théâtre furent lues par lui et reçues : *Cléopâtre*, à l'Odéon ; *Cantacuzène* et *M. de Fargues*, à la Comédie-Française. Sa modestie se contenta de l'honneur de leur réception, et jamais il ne s'occupa de donner suite à ce brillant début.

Vint ensuite la traduction en vers des poésies italiennes et latines de Pétrarque, sous le titre de : *Sonnets, Can-*

zones, *Triomphes*, *Epîtres*, etc. (1843-1845), trois volumes in-8°, œuvre difficile et réussie, d'après l'aveu des critiques de l'époque, mais dont le succès ne dépassa pas les limites du monde élégant et lettré.

Deux volumes de *Chants divers* eurent plus de retentissement ; les *Napoléonides* surtout, qui réveillaient de glorieux souvenirs chers à la France, furent comparées aux *Messéniennes* « pour le patriotisme, l'accent énergique et profond, l'élan réglé et continu. »

En 1850, le comte de Montesquiou publia une œuvre capitale, *Moïse*, poème épique en vingt-quatre chants, dont toute la presse se préoccupa et fit grand tapage. Il est curieux de rapporter ici ce qu'en disait, entre autres, un des plus éminents critiques du *Moniteur :*

« Quelle constance ne faut-il pas à

« nos poètes, quel amour pour leur art,
« quelle foi dans leur mission pour ré-
« sister à tant de causes de décourage-
« ment, pour n'en sentir ni leur zèle
« diminué, ni leur ardeur ralentie !
« Qu'on se mette, par exemple, en idée,
« à la place de l'auteur qui rêve une
« épopée ; qu'on songe à tout ce que
« demandent la patience, l'étude et la
« confection du plan, à tout ce qu'exige
« de l'imagination l'exécution des dé-
« tails ! A côté des efforts indispensa-
« bles pour arriver à l'achèvement de
« l'œuvre, qu'on groupe les illusions
« qui , pendant et après l'enfantement
« de cette œuvre, viennent envahir la
« pensée et faire tressaillir le cœur du
« poète..., et qu'on se figure ensuite
« quelle amertume doit remplir ce cœur
« et assombrir cette pensée, quand une
« désespérante froideur est tout ce que
« rencontrent cette attente de succès,

« ces élans vers la gloire, sans l'exci-
« tation desquels l'auteur n'atteindra
« jamais la fin de son travail !

« Eh bien ! l'expérience même d'un
« pareil résultat, presque inévitable au-
« jourd'hui, ne suffit pas encore pour
« faire tomber la plume des mains du
« poëte, tant est grande la foi dont il
« garde en son cœur le dépôt sacré.

« L'homme d'élite, dont le nom décore
« le titre de cette notice, offre l'exem-
« ple le plus honorable de cette persis-
« tance, à l'épreuve de tout, dans le
« culte de la poésie.

« Le poème de *Moïse* est une œuvre
« où l'on trouve en grand nombre des
« beautés de premier ordre. »

Dans la suite de cet article se trouve
un blâme qui est le résultat d'une fâ-
cheuse erreur. On y reproche à l'auteur
de *Moïse* la guerre contre les Éthiopiens,
le mariage de Moïse avec Tharbis, etc.,

comme fécondité inutile et] déplacée. A
cela M. de Montesquiou a victorieuse-
ment répondu, lorsqu'il a dit dans la
préface de la seconde édition : « Ce
« que je dis de Moïse pendant sa vie
« mondaine et guerrière n'est pas de
« mon invention. Presque tous les dé-
« tails de cette phase de sa vie m'ont
« été fournis par un livre respecté qui,
« en matière religieuse, fait foi chez les
« juifs et chez les chrétiens. Ce livre
« est celui de l'historien Josèphe. J'ai
« trouvé aussi quelques renseigne-
« ments dans les traditions de l'Orient,
« et j'ai toujours entouré de ma vénéra-
« tion l'homme sublime qui exerça le
« pouvoir divin dont il fut le déposi-
« taire. »

Nous nous plaisons à constater d'ail-
leurs la large part d'éloges que l'écrivain
fait à l'œuvre de M. de Montesquiou.

Nous avons dit que le laborieux poète

avait, pour ainsi dire, au début de sa carrière littéraire , sacrifié à la muse tragique. De nouveaux essais dramatiques : *un Crime* (en 5 actes, 1853), *Myrrha* , *les Semblables* (1853) , vinrent de nouveau affirmer la souplesse et la variété de son talent. « Nous avons
« sous les yeux , disait M. Hippolyte
« Lucas dans le feuilleton du *Siècle*
« du 10 août 1853, un drame et une
« comédie en vers de M. le comte Ana-
« tole de Montesquiou, qui n'ont pas
« tenté de se produire à la scène, et qui
« mériteraient d'y figurer. Nous con-
« cevons que beaucoup d'auteurs, pla-
« cés dans certaines conditions, recu-
« lent devant les chances de réception
« toujours si incertaines et devant tous
« les désagréments dont la vie de
« théâtre est semée. Les abords en sont
« difficiles ; une pièce reçue n'est pas
« jouée ; et l'on sait tout ce qu'il a fallu

« d'esprit et de persévérance à Beau-
« marchais pour arriver à la première
« représentation du *Mariage de Fi-*
« *garo*. Sans aller si loin, n'avons-nous
« pas vu dernièrement le Théâtre-Fran-
« çais repousser une des meilleures co-
« médies de notre époque : *l'Honneur*
« *et l'Argent*, de Ponsard ? L'auteur
« n'a-t-il pas été forcé d'aller peupler
« la solitude de l'Odéon, pour prouver
« la valeur de son œuvre ? Mettez à la
« place de Ponsard un auteur qui n'a
« pas eu de succès, qui en est à ses
« débuts, et la pièce restera probable-
« ment en portefeuille, ou, si elle est
« imprimée, elle trouvera à peine des
« lecteurs; car, outre les difficultés de
« se faire jouer au théâtre, il y a encore
« dans le public une prévention défa-
« vorable contre les pièces que le
« théâtre n'a pas mises en circulation.
« M. de Montesquiou brave courageu-

« sement ce préjugé. Nous avons déjà
« eu l'occasion, à propos d'un drame de
« lui, intitulé : *Monsieur de Fargues*,
« de reconnaître les dispositions dra-
« matiques dont il est doué, et aux-
« quelles il n'a manqué, pour leur en-
« tier développement, que l'expérience
« qu'on acquiert en présence des spec-
« tateurs.

« *Un Crime*, drame en cinq actes et
« en vers, dont le sujet est emprunté à
« une anecdote racontée dans *l'Ermite*
« *en Russie*, de M. Dupré de Saint-Maur,
« fournirait avec peu d'efforts une pièce
« émouvante au Théâtre-Français. Il y
« a dans ce drame une situation terrible :
« une jeune fille reçoit la nuit dans sa
« chambre un jeune homme, qu'elle
« aime, et qui, avant de la quitter peut-
« être pour toujours, lui a demandé la
« faveur d'un dernier et chaste entre-
« tien. Le père frappe à la porte, et le

« jeune homme se jette dans un coffre
« qu'il referme sur lui, pour éviter la
« colère du vieillard. Après la sortie du
« père, le coffre est ouvert, l'amant a été
« étouffé, et il faut s'adresser au cocher,
« frère de la femme de chambre, pour
« emporter le cadavre. Quel désespoir
« pour la jeune fille, et quelle per-
« plexité ! Son honneur et celui de son
« père dépendent désormais d'un co-
« cher presque toujours ivre. M. de
« Montesquiou a tiré un très grand parti
« de cette situation réellement drama-
« tique et originale ; et son drame est,
« de plus, écrit en très bons vers. Nous
« y avons remarqué aussi le caractère
« d'une Française intrigante, qui doit
« avoir été pris sur nature.

« L'autre pièce de l'auteur, *les Sem-
« blables*, offre une piquante comédie ;
« elle a pour donnée une croyance alle-
« mande que le ciel crée toujours deux

« personnes semblables. Le bonheur
« pour elles est quand elles ne se ren-
« contrent pas, si elles sont du même
« sexe, le malheur quand elles se ren-
« contrent. Une jolie veuve et un beau
« garçon profitent de cette croyance
« pour se moquer d'une vieille tante
« assez semblable à *ma Tante Aurore,*
« et pour l'épouser, quoique la vieille
« tante ait bonne envie de garder le
« beau garçon pour elle et de se conso-
« ler avec lui. Cette comédie, écrite aussi
« d'une manière très distinguée, ren-
« ferme un rôle fort comique de femme
« de chambre qui a le malheur de ne
« pouvoir retenir les proverbes comme
« la sagesse des nations les a créés, et
« qui les dérange à tout instant. »

Éminemment poète avant tout, M. de
Montesquiou, qui aime particulièrement
cette formule harmonieuse de la pensée
humaine, a voulu associer sa muse à

tous les genres. Familier avec le *dithy-rambe*, le *poème* et le *drame*, il n'a pas craint d'aborder le genre le plus diffi-cile peut-être de l'art poétique, *la fa-ble*. Mais comprenant sans doute le danger de l'imitation, après des modèles comme La Fontaine et Florian, il a eu l'ingénieuse adresse de s'écarter de ces illustres modèles en empruntant ses per-sonnages au royaume des fleurs. « Il « est peut-être plus facile, dit l'auteur « dans sa préface, de faire des fables « sur les animaux que sur les fleurs. « Dans la première catégorie le chemin « est plus frayé ; dans la seconde il est « presque nouveau encore, et plein des « périls qui naissent de la prévention « du lecteur en face de l'inattendu. »

Dans cette œuvre nouvelle, brillante de grâce et de fraîcheur, M. de Montes-quiou a su allier les utiles enseigne-ments de la philosophie au charme de

la poésie la plus délicate. Sa fable de
la Fraise et la Citrouille, imitée de
Pignotti, — La Fontaine n'a-t-il pas le
plus souvent imité Ésope et Phèdre? —
est une leçon dont devraient profiter les
orgueilleux de la république des Lettres.

M. de Montesquiou nous a permis
d'apercevoir ses *Œuvres poétiques*, mal-
heureusement inédites encore, rangées
dans des portefeuilles sur les rayons
de sa bibliothèque. Ce n'est qu'une
partie du résultat de cinquante-cinq années de travail; ce sont de nombreuses
pièces de théâtre, quatre cents fables
sur les Animaux, les Plantes et les Roses,
d'innombrables *épîtres*, *sonnets*, *ron-
deaux*, etc., etc.; puis enfin *Hercule*, le
plus immense poème qui ait jamais été
fait, et, si nous en croyons des auditeurs
privilégiés, le plus intéressant et le plus
varié, embrassant, pour ainsi dire, dans

son vaste cadre — le passé, le présent et l'avenir.

En somme, M. de Montesquiou n'est pas seulement gentilhomme dans toute la belle acception du mot, et un vaillant capitaine, c'est encore un écrivain d'élite, prosateur et poète, à qui pourrait bien échoir un fauteuil académique dans l'un des prochains conclaves des quarante immortels. En effet, l'opinion publique paraît le désigner aux suffrages des demi-dieux du palais Mazarin.

11227 — Typ. Alcan-Lévy, rue Lafayette, 61 et passage des Deux-Sœurs.